Singing Piano for You 1

고영신 피아노 연주곡집

Preface

"나는 생각한다, 고로 존재한다." 데카르트의 이 말이 떠오를 때마다, 나는
마음속으로 이렇게 외칩니다 "나는 음악한다, 고로 존재한다." 라고.

'존재하는 나'란 육체를 가진 나의 모습이 아니라, '음악하는 나'로, 내 삶의
이야기를 그림 그리듯이 음으로 표현하는 나의 모습을 말합니다. '음악하는
나'는 오늘도 피아노 앞에서 손가락으로 건반을 누르며, 그 울림을 듣고,
느끼고, 생각하고, 상상하고, 사랑하며 대화합니다.

이 연주곡집 <Singing Piano for You 1>은 나의 삶을 되돌아보고, 좋았던
기억들을 회상하며, 음악으로 기록하고 기억하기 위해 발간하게 되었습니다.
음악 자서전이라고 할 수 있지요. 유년부터 지금까지의 추억을 담아 16개의
작품으로 펼쳐봤습니다.

소중한 기억을 음악으로 간직하고 싶었습니다. 그래서 한음 한음, 한 마디 한
마디를 정성껏 썼습니다. 수정을 거듭하며 창작의 고통도 맛 보았죠.

마치 꿈을 꾼 것 같습니다. 눈 부신 햇살이 하늘과 땅을 비추며 피아노 위에
내려와, 선율과 화음을 선물로 준 듯한 느낌입니다.

<Singing Piano for You 1>을 연주하며 들을 때마다 마음의 보석을 선물
받는 기쁨을 여러분 모두 느끼시길 바랍니다.

내 음악이 삶에 지친 이들에게 위로가 되고,

자유를 꿈꾸는 이들에게 출구가 되기를 소망하며,

새로운 음악으로 만날 때까지 모두 행복하시기를 기원합니다.

2024년 4월, 한국교원대학교 음악관 연구실에서

고영신

Contents

숲

Forest

고영신

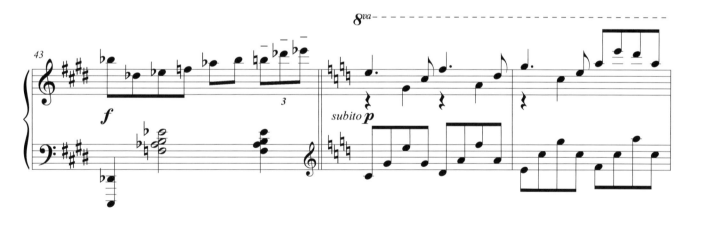

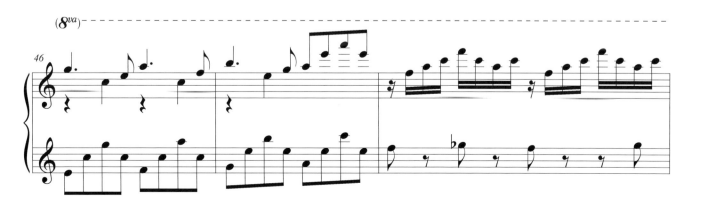

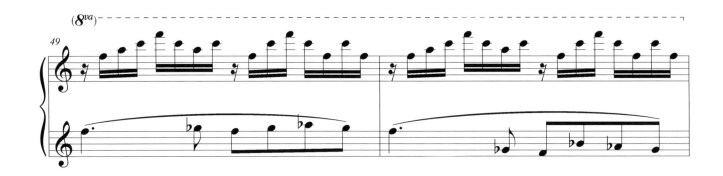

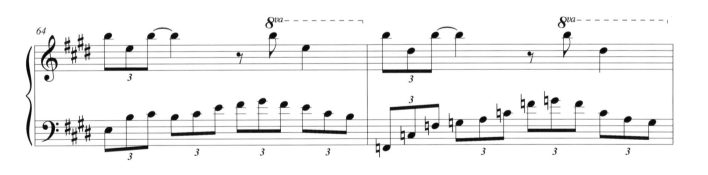

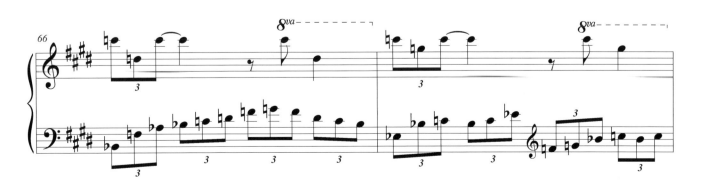

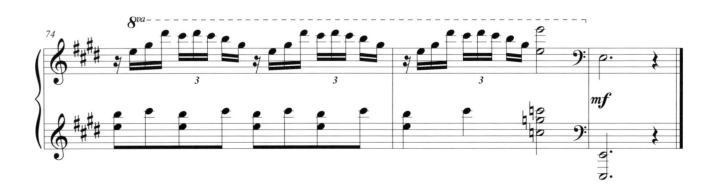

벚꽃 솜사탕

고영신

꿈

Dream

고영신

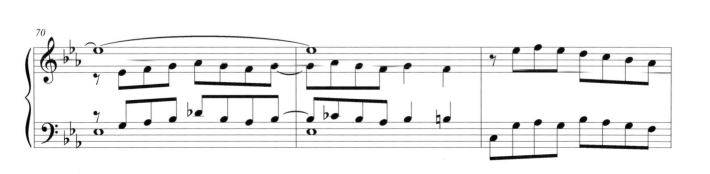

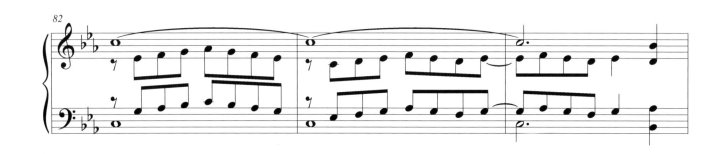

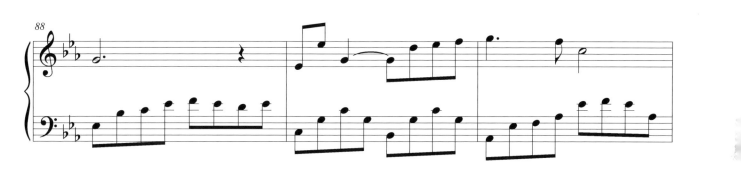

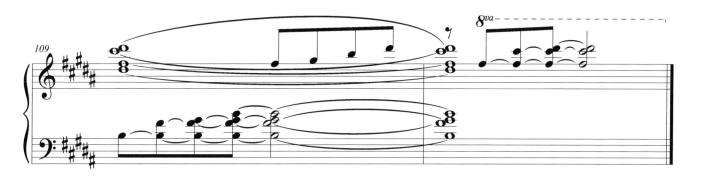

하늘 정원

Sky Garden

고영신

하루끝: 센느 강둑

The End of Day: Bank of the Seine

고영신

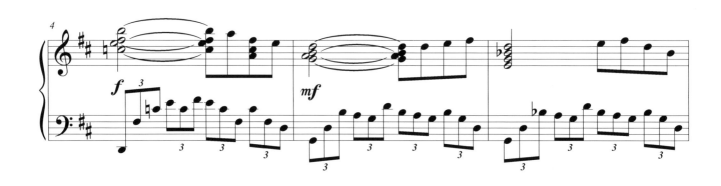

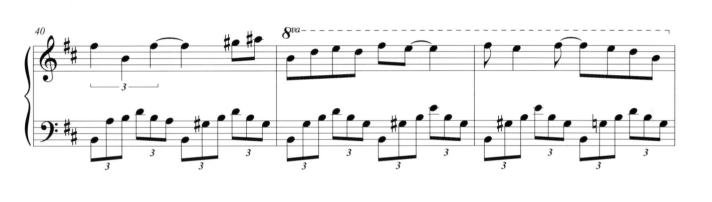

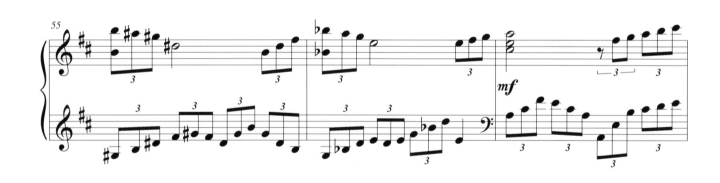

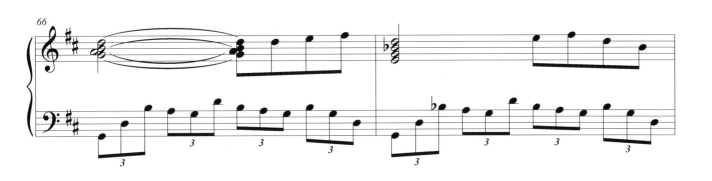

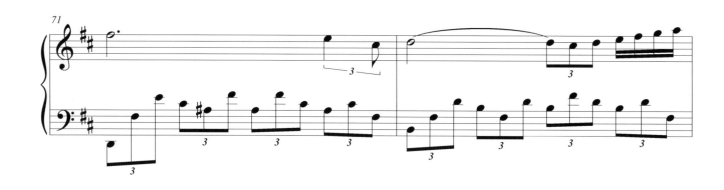

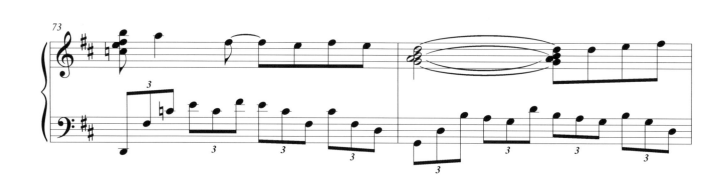

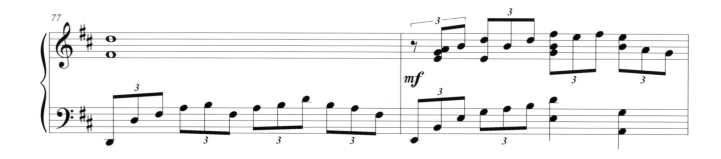

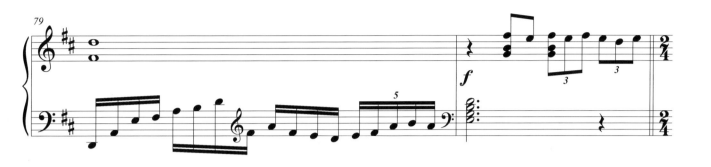

보내며...

Sending Far Away

고영신

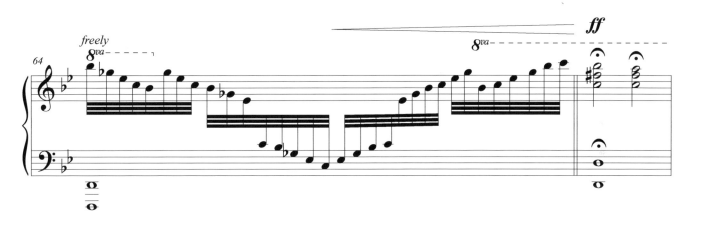

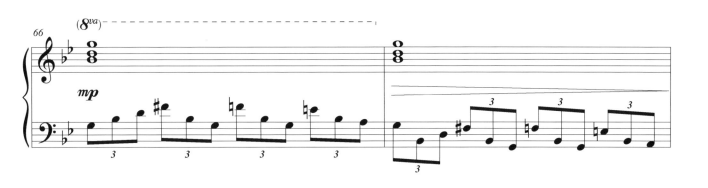

엄마의 강

The River of My Mother

고영신

Andante ♩ = 72

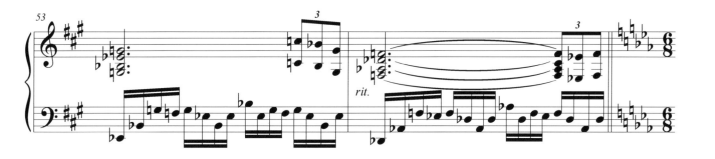

꽃길 산책

작곡 고영신

구름 달빛

Cloudy Moonlight

고영신

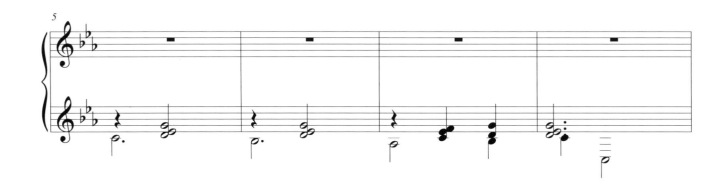

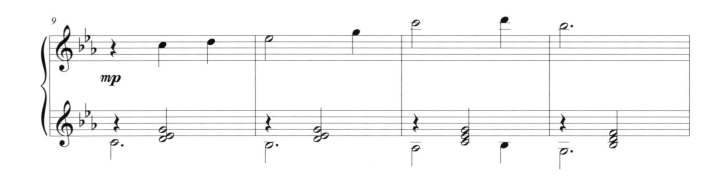

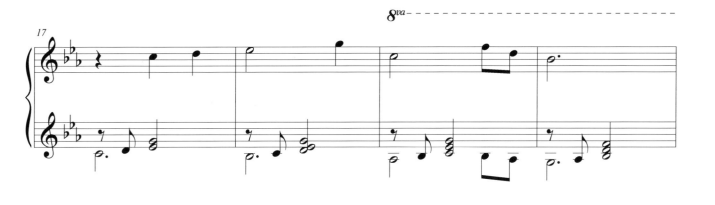

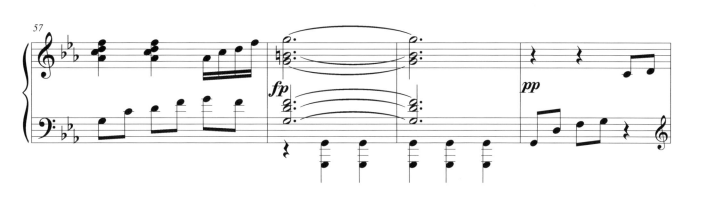

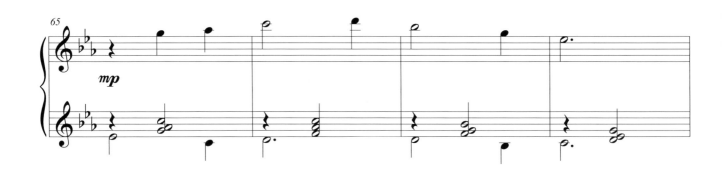

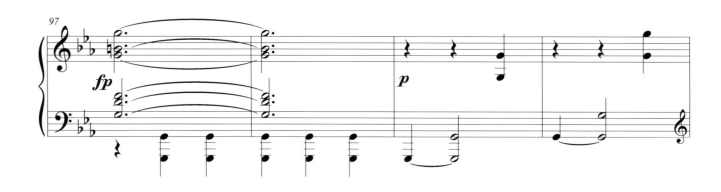

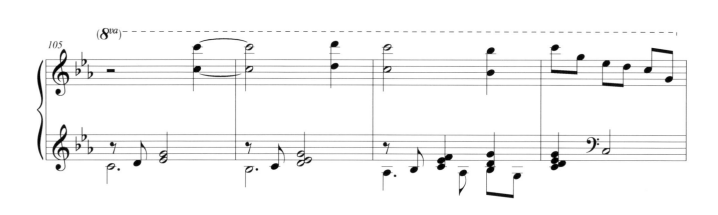

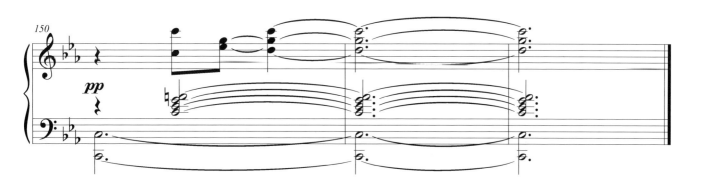

바흐 회상

Remembrance of Bach

고영신

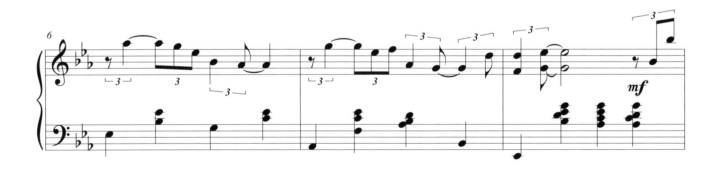

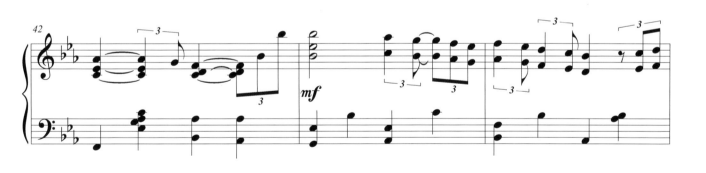

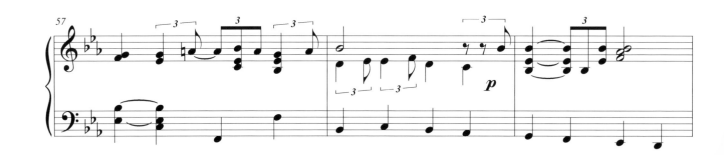

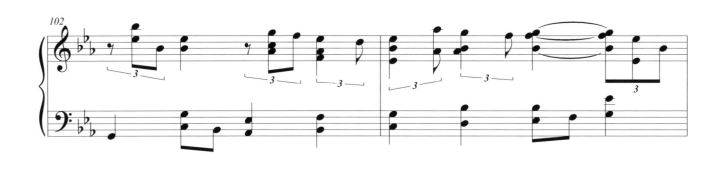

아픈사랑그림

고영신

자전거 여행

Cycling Tour

고영신

그리움

Longing

고영신

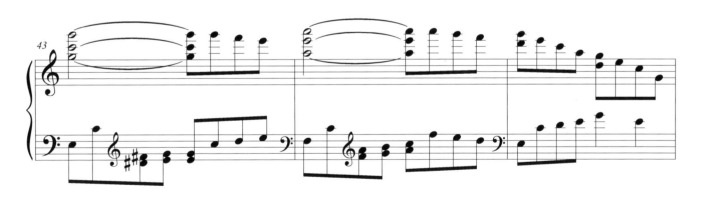

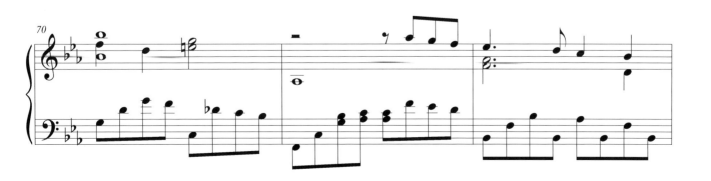

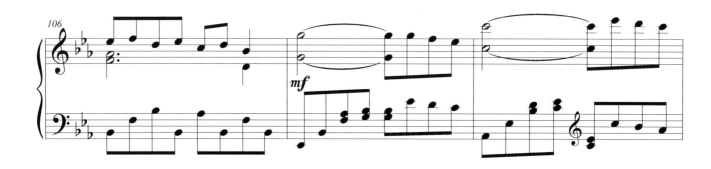

기다림

Looking forward to

고영신

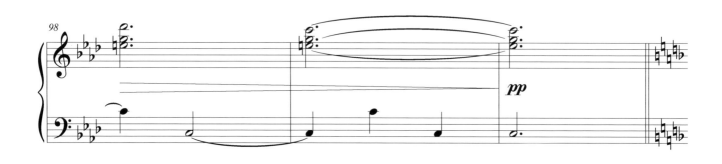

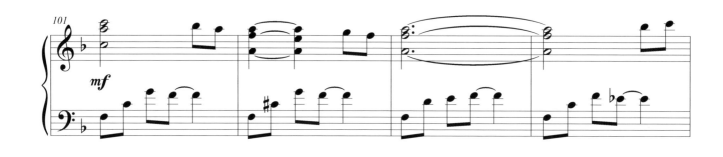

슬픈 왈츠

Sad Waltz

고영신

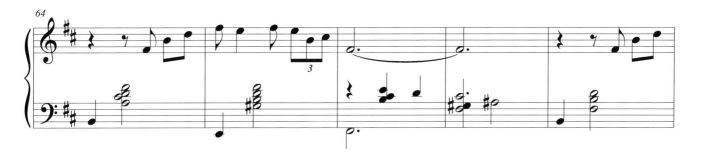

청이의 기도

Chungyi's Praying

고영신

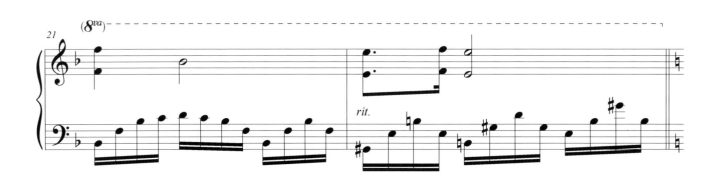

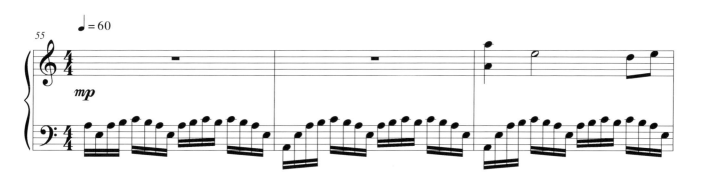

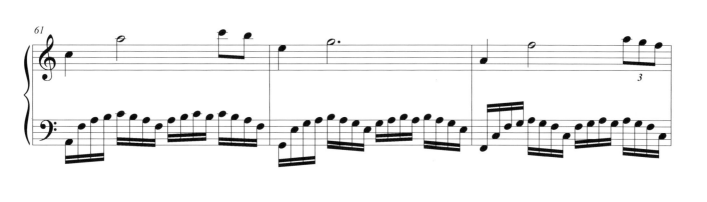

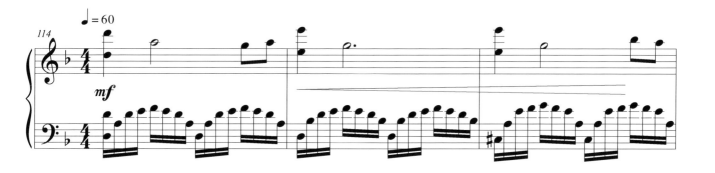

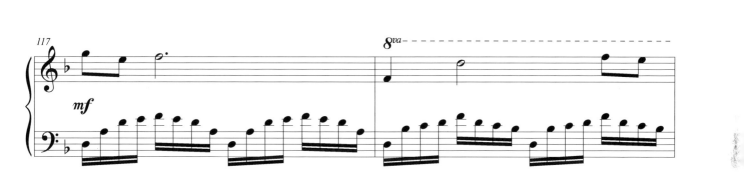

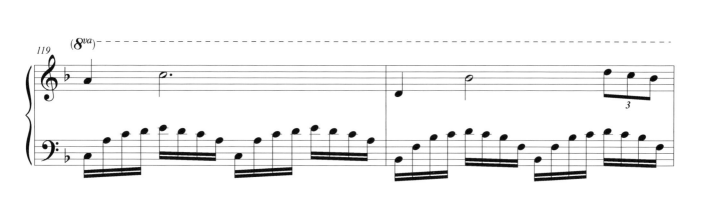

Composer's Profile

고영신 (1967-   )

서울대 음대 작곡과 학사
뉴욕 메네스 음대 작곡과 석사
사우스 캐롤라이나 음대 작곡과 박사

현) 한국교원대학교 음악교육과 교수
한국음악교육학회 이사
한국예술교육학회 이사
예술전문단체 "예술봄소리" 음악감독

그림책 음악여행 공연 450회

Singing Piano for You 1
고영신 피아노 연주곡집

발 행 | 2024년 05월 03일

저 자 | 고영신
편 집 | 신기호
디자인 | 신기호

펴낸이 | 한건희
펴낸곳 | 주식회사 부크크
출판사등록 | 2014.07.15.(제2014-16호)
주 소 | 서울특별시 금천구 가산디지털1로 119 SK트윈타워 A동 305호
전 화 | 1670-8316
이메일 | info@bookk.co.kr

ISBN | 979-11-410-8364-9

www.bookk.co.kr